Die Gestaltung der Welt

Werner Eck

Die Gestaltung der Welt

Augustus und die Anfänge des römischen Köln

leseZeichen
greven verlag köln

Eine Veröffentlichung der Sigurd Greven-Stiftung

Gestaltung: Thomas Neuhaus, Billerbeck
Umschlagfoto: Ann-Kirstin Peters
Satz: Thomas Volmert, Köln
Gesetzt aus der FS Lola
Druck und Bindung: Friedrich Pustet GmbH & Co KG, Regensburg
Papier: Munken Premium Cream und Peydur lissé (Umschlag)

ISBN 978-3-7743-0630-1

Detaillierte Informationen über alle unsere Bücher finden Sie unter:
www.Greven-Verlag.de

Die Gestaltung der Welt

Augustus und die Anfänge des römischen Köln

Am 1. Januar des Jahres 7 v. Chr. erlebte Rom endlich wieder einen Triumph, ein eindrucksvolles öffentliches Schauspiel, das Menschenmassen aus ganz Italien anlockte, aber auch Gesandtschaften aus allen Provinzen des Reiches. Denn einen Triumphzug hatte Rom seit langer Zeit nicht mehr gesehen. Der letzte lag nunmehr zwölf Jahre zurück.[1] Jetzt, am ersten Tag des Jahres 7 v. Chr., gab eine neue, eben gewonnene Provinz im Norden des Imperiums den Anlass für dieses Spektakel: Germanien, das Gebiet rechts des Rheins bis zur Elbe, war nach siegreichen Kämpfen römischer Besitz geworden, eine *provincia populi Romani*.[2] (Abb. 1) Als Sieger über die Germanen aber stellte sich dem Publikum nicht einer der vielen altgedienten senatorischen Generäle vor, die in verschiedenen Provinzen für den Princeps Augustus die Heere befehligten und Kriege führten. Auf dem Triumphwagen stand Tiberius, der Stiefsohn des Herrschers, der Sohn seiner Gattin Livia, der eben in diesem Jahr auch das nominell höchste Amt Roms, den Konsulat, bekleidete. Seit dem Herbst des Jahres 9 v. Chr. hatte Tiberius die Eroberung Germaniens vorangetrieben und, wie es schien, nach

Abb. 1
Elfenbeinplatte mit Abbildung eines Triumphzugs.

insgesamt fünf Jahren Krieg abgeschlossen. Er hatte damit das Werk seines jüngeren Bruders Drusus vollendet, der die Eroberung des rechtsrheinischen Germaniens begonnen hatte. Auf dem Rückweg von einem Kriegszug, der ihn bis zur Elbe geführt hatte, war er nach einem Sturz vom Pferd gestorben. Zuvor hatte er in nicht ganz vier Feldzugsjahren von 12 bis 9 v. Chr. sukzessive die germanischen Stämme bis zur Weser und dann bis zur Elbe entweder militärisch unterworfen oder sie mehr oder weniger freiwillig zur Anerkennung der römischen Herrschaft gebracht. Sein Werk wurde durch Tiberius in weniger als zwei Jahren zum Abschluss gebracht. Viele germanische Stämme waren militärisch besiegt, ein besonders widerspenstiger, der Stamm der Sugambrer, war aus seinem Siedlungsgebiet an der Lippe auf die linke Rheinseite in die Region des heutigen Xanten zwangsdeportiert worden, wo er unter der genauen Beobachtung des römischen Militärs stand.[3]

Andere Stämme hatten Bündnisverträge mit Rom geschlossen, wie etwa die Cherusker, der auch heute noch bekannteste Germanenstamm dieser Zeit. Als Folge der Abmachungen Roms mit einzelnen Stämmen hatten diese Hilfstruppen für das römische Heer zu stellen – unter eigenen Kommandeuren. Der spätere siegreiche Gegner Roms, Arminius, der Befreier Germaniens, wie ihn Tacitus nennt,[4] hatte im römischen Heer gedient, war sogar römischer Bürger geworden und hatte römische Mentalität, vor allem aber römische Militärtaktik kennengelernt.[5] Dass er eineinhalb Jahrzehnte später, im Jahr 9 n. Chr., im saltus Teutoburgiensis – nicht identisch mit dem heutigen Teutoburger Wald, sondern mit dem Wiehengebirge am Rand der norddeutschen Tiefebene – Rom eine seiner schwersten Niederlagen beibringen würde, konnte damals noch niemand ahnen. Auf Germanien, die dortige augusteische Politik und auf das Zentrum dieser Region, das oppidum Ubiorum, ist später zurückzukommen.

In Rom hatte jedenfalls Augustus (Abb. 2) bald nach dem Tod des Drusus und den militärisch-diplomatischen Erfolgen

Abb. 2
Porträt des Augustus im Römisch-Germanischen Museum Köln.

des Tiberius den Eindruck gewonnen, die Eroberungsphase gegenüber den rechtsrheinischen germanischen Stämmen sei abgeschlossen. Nur deshalb hat er seinem Stiefsohn die außergewöhnliche Ehre eines Triumphs zugebilligt. Dem römischen Volk, dem *populus Romanus*, sollte wie bei vielen anderen Gelegenheiten gezeigt werden, wie viel es Augustus und den von ihm Beauftragten verdankte. Niemand vor ihm hatte die Grenzen Roms derart weit vorgeschoben und dem Imperium mehr neue Provinzen angegliedert. In seinem kurz vor seinem Tod vollendeten Tatenbericht, der uns aus mehreren Städten des Ostens erhalten ist, den sogenannten Res gestae divi Augusti, auch Monumentum Ancyranum genannt, hat der Princeps persönlich voller Selbstgewissheit verkündet: „Alle Provinzen, denen Stämme benachbart wohnten, die unserem Befehl noch nicht gehorchten, habe ich territorial erweitert.“[6] Augustus, der sich als Begründer des Weltfriedens durch die Errichtung der *Ara pacis*, des Altars der Friedensgöttin, in der Stadt Rom feiern ließ, war auch derjenige, der das römische Imperium – und zwar durch den Einsatz seiner Legionen – endgültig zur dominierenden Weltmacht gemacht hatte. Kein anderer römischer Feldherr hatte das Reich so sehr ausgedehnt wie Augustus. Bis zum Jahr 44 v. Chr., als Augustus, damals noch Gaius Caesar oder Octavian genannt, nach dem Tod seines Adoptivvaters Caesar in die römische Politik eintrat, herrschte Rom über 14 Provinzen, die im Verlauf von rund 200 Jahren innerhalb des Mittelmeerraums erobert oder gelegentlich von Herrschern des hellenistischen Ostens geerbt worden waren. Augustus eroberte im Verlauf von vier Jahrzehnten für Rom ein Gebiet, das weit größer war als das Reich des Jahres 44 v. Chr.: Neu erworben wurden der Nordwesten von Spanien, das rechtsrheinische Germanien, der gesamte Alpenbogen und das Alpenvorland bis zur oberen Donau, das heutige Österreich und der sich östlich anschließende Balkanraum bis zur Donaumündung, das Innere Kleinasiens, Judaea, in etwa das heutige Israel, Ägypten und ein Teil des heutigen Libyen und Algerien:[7] All das war unter seiner politisch-militärischen Leitung dem Reich hinzugefügt worden. Daraus wurden sogleich oder im Verlauf der folgenden Jahrzehnte 13 weitere Provinzen organisiert.[8] Augustus hat also das Gebiet des Reichs auch organisatorisch in ungemein kurzer Zeit mehr oder weniger verdoppelt. Die Provinz Germanien gehörte dazu, auch wenn der rechtsrheinische Teil nach 25 Jahren wieder verloren ging.

Die Eroberung eines Gebiets ist oft eine relativ kurzfristige politisch-militärische Aktion gewesen. Für die historische Betrachtung ist aber nicht nur die Eroberungsphase dieser Länder wichtig, vielmehr richtet sich unser Interesse heute weit mehr darauf, wie es Rom gelang, sein Weltreich mit einem Territorium, das in unserer Zeit auf mehr als 40 Staaten rund um das Mittelmeer verteilt ist, zu organisieren und zu verwalten. Die Hauptorganisationsform innerhalb des Reichs war die in Provinzen.[9] Doch über diese allein ließ sich das Reich nicht effektiv administrieren; zwar gingen in alle Provinzen römische Statthalter, was auch hier in Niedergermanien geschah. Jeder Statthalter hatte innerhalb seines Verwaltungsbezirks so etwas wie einen festen Amtssitz, wie gerade das Kölner Praetorium, eines der wenigen heute noch bekannten Gebäude dieser Art, in besonderer Weise hat erkennen lassen.[10] Doch kein Statthalter verfügte über ein umfangreiches Personal. So konnte sich der Gouverneur der Hispania Citerior, einer Provinz, die den Osten sowie den Nordwesten Spaniens mit mehr als 300.000 qkm umfasste, auf kaum mehr als 150 Personen als Hilfspersonal stützen. Ähnliches galt auch für den niedergermanischen Statthalter. Der Prokonsul von Cypern, einer freilich sehr kleinen Provinz von lediglich 9251 qkm,[11] musste sich mit rund 20 bis 30 Personen begnügen, aber auch der Prokonsul von Asia, in etwa der Westen der heutigen Türkei mit zahlreichen Städten, hatte nicht viel mehr Personal zur Verfügung.[12] Rom unternahm auch keine Anstrengungen, um ein Netz von direkten Verwaltungsstützpunkten mit eigenem Personal aufzubauen. Es kam gar nicht auf den Gedanken, dass dies nötig sein könnte. Denn in Italien hatte sich seit dem 4. Jahrhundert v. Chr. ein ganz anderes Modell entwickelt, wie größere Räume, die der politischen Herrschaft Roms unterstanden, zu regieren waren: Unter der Oberherrschaft Roms bestand ganz Italien aus Hunderten von Selbstverwaltungseinheiten wie z. B. Pompeii, Herculaneum, Neapel, Tarent oder Bologna und Aquileia. In diesen Städten bestimmten die Bürger ihre eigenen Amtsträger, die ihrerseits zusammen mit einer Ratsversammlung, analog dem römischen Senat, all das organisierten und administrierten, was nicht im Rahmen der Familie oder vielleicht von Vereinen verschiedener Art, sogenannten *collegia,* für den einzelnen Bürger geregelt werden konnte.[13] Zu den Aufgaben dieser Selbstverwaltungseinheiten gehörten vor allem die Gewährleistung der Sicherheit des Lebens des einzelnen nach außen und innen, die Sicherung der individuellen Rechte sowie der Rechtsbeziehungen zwischen verschiedenen Personen oder Gruppen, also das Gerichtswesen, die Versorgung mit Wasser und mit Nahrungsmitteln in Zeiten von Versorgungsengpässen und, nicht zu vergessen, die Vertretung der Gemeinde gegenüber den Göttern des jeweiligen Gemeinwesens und denen der *res publica populi Romani*. Dabei bestand ein Gemeinwesen stets aus einem zentralen Ort, heute meist städtisches Zentrum genannt, wo die Institutionen der Gemeinde agierten, also Volksversammlung, Rat und Magistrate. Dort waren die politisch-administrativen Funktionen konzentriert und dort wohnten zumeist auch die führenden Familien des Gemeinwesens, aus denen die Amtsträger gewählt wurden. Die Mehrzahl der Menschen lebte freilich außerhalb des Zentrums auf dem Territorium der Gemeinde, auf dem durch die Landwirtschaft die Lebensgrundlage der Bewohner geschaffen wurde. Beides zusammen, Zentrum und Territorium, bildete eine Selbstverwaltungseinheit, die schon in römischer Zeit, mehr aber noch in der modernen Wissenschaft, zumeist Stadt genannt wurde und wird.[14]

Seit Rom Gebiete außerhalb Italiens eroberte, war es ganz selbstverständlich, diese nach dem allen Römern bekannten Modell zu organisieren und zu verwalten. Sizilien war die erste Provinz, die Rom im Jahr 241 v. Chr. gewann; dort traf man bereits auf diese Organisationsstruktur, denn die Insel war seit dem 8. Jh. von Griechen besiedelt worden, die wie Rom nach dem Modell des Stadtstaates lebten, in Poleis, wie auch im Mutterland und den anderen griechischen Kolonisationsgebieten. Griechenland und Rom waren sich in diesen Grundstrukturen sehr ähnlich. Als Rom im Laufe der Republik territorial weiter ausgriff, auf die iberische Halbinsel, nach Makedonien und Griechenland, schließlich nach Kleinasien, Syrien und auch nach Africa, traf man ebenfalls zumeist auf Städte oder stadtähnliche, jedenfalls auf kleinräumige Organisationsformen, die es erlaubten, durch den Statthalter und sein beschränktes Personal die politische Herrschaft auszuüben, ohne unmittelbar für die Administration der alltäglichen Dinge in den Siedlungen verantwortlich zu sein. Dabei halfen Rom vor allem auch die sogenannten Publikanengesellschaften, Vereinigungen von Privatleuten, die insbesondere die Erhebung der Steuern oder Zöllen für Rom übernahmen, also den Aspekt staatlichen Lebens, der für Rom so wichtig war wie für jeden anderen Staat.[15] Staatliches Personal schuf das republikanische Rom dafür nicht. Die Städte, und das heißt deren Magistrate, hatten für die Ablieferung der Steuern mit den Publikanen zusammenzuarbeiten.

Das republikanische Rom begnügte sich bei der Organisation des Lebensraums der Untertanen zumeist mit denjenigen Selbstverwaltungseinheiten, die man jeweils zum Zeitpunkt der Eroberung angetroffen hatte. Neue Gemeinden oder Städte wurden nur in relativ wenigen Fällen gegründet, auch exportierte man noch nicht das eigene Rechtsmodell einer Gemeinde.[16] Wenn Scipio Africanus, der spätere Sieger über Hannibal, im Jahr 205 v. Chr. im Süden Spaniens nahe dem Guadalquivir eine Siedlung, Italica genannt, für verwundete römische Soldaten anlegen ließ – übrigens später die Heimat der Kaiser Traian und Hadrian –, war dies eine Ausnahme,[17] ebenso wie die latinische Kolonie Carteia, die im Jahr 171 v. Chr. an der Südostküste der iberischen Halbinsel gegründet wurde für die Nachkommen römischer Soldaten aus der Verbindung mit einheimischen Frauen.[18] Als der flexible Revolutionär Gaius Gracchus 123/122 v. Chr. an der Stelle des zerstörten Carthago eine römische Kolonie anlegen und dort römische Bürger ansiedeln wollte, um so das weit ausgedehnte Territorium des alten Carthago sinnvoll zu nutzen, scheiterte dieser Plan an seinen innenpolitischen Gegnern.[19] Erst als mit Caesar eine Politik in Rom möglich wurde, die nicht mehr von jährlich gewälten, also sehr kurzfristig handlungsfähigen Magistraten, sondern von einer einzigen Person abhing, die längerfristig tätig war und damit zukunftsgestaltend sein konnte, wurden auch die Notwendigkeiten und Möglichkeiten stärker erkannt, die mit der Organisation und Ausgestaltung des Lebens der Provinzen für Rom selbst verbunden waren. Caesar gründete Städte, durch die einerseits eroberte Gebiete leichter beherrschbar gemacht wurden, andererseits aber auch die Versorgung vieler römischer Bürger ermöglicht wurde.[20] Städte wie Lugdunum (Lyon in Frankreich) oder Augst in der Schweiz wurden von ihm als römische Kolonien geplant und bald darauf angelegt und dienten der Versorgung von Legionsveteranen; sie sollten aber gleichzeitig die Region für Rom absichern, da die nunmehr dort wohnenden Bürger ein Teil Roms waren und sich auch so verstanden.[21] Das im Jahr 146 v. Chr. durch Rom zerstörte Korinth wurde mit Proletariern aus Rom wiederbesiedelt,[22] ebenso die kleine Stadt Urso im Süden Andalusiens; das Stadtgesetz dieser Kolonie, das die römischen Rechtsregeln für das Zusammenleben in dieser Stadt festschrieb, ist auf Bronzetafeln teilweise erhalten.[23] (Abb. 3)

Abb. 3
Fragment aus dem Stadtgesetz von Urso: Bronzetafel, auf der ein Teil des Stadtgesetzes steht, das für die caesarisch-augusteische Kolonie Urso im Süden Spaniens bestimmt war.

Doch Caesar blieb nach der Überwindung seiner innenpolitischen Gegner nicht viel Zeit, um seine Vorstellungen von der partiellen Neuordnung des römischen Herrschaftsraums umzusetzen, gerade einmal die wenigen Jahre von 48 bis zu den Iden des März 44 v. Chr. Das von Caesar nur begonnene Werk blieb als Aufgabe seinem Großneffen Gaius Octavius, den er testamentarisch zu seinem politischen Erben eingesetzt hatte. Dieser Gaius Octavius ist Octavian, wie wir ihn bis zum 23. Januar des Jahres 27 v. Chr. nennen, als er den neuen dauerhaften Beinamen Augustus annahm und seitdem mit vollem Namen Imperator Caesar Augustus hieß.[24]

Nach der Ermordung Caesars erlebte Rom einen 14 Jahre dauernden Bürgerkrieg. Es war aber nicht nur ein Bürgerkrieg, es war für die damalige Zeit ein Weltkrieg, der alle Teile der Mittelmeerwelt und deren Bewohner erfasste, mit Hunderttausenden von entwurzelten Menschen aus allen Provinzen des Reichs und mit riesigen Heeren von Soldaten, die über Jahrzehnte hinweg nichts anderes gekannt hatten als den Kriegsdienst und die zum größten Teil nach dem Ende des Bürgerkriegs im Jahre 30 v. Chr. ihre Entlassung als Veteranen erhielten.[25] Was sollte mit all diesen Menschen geschehen, damit sie nicht eine permanente Gefahr für die Stabilität des Reichs und den inneren Frieden bilden würden? Allein schon deswegen war es für Augustus und seine Berater, zu denen vor allem sein späterer Schwiegersohn Marcus Agrippa gehörte, eine überlebenswichtige Frage, wie diese Menschenmassen dauerhaft versorgt werden konnten. Das einzige Mittel war die Wiedereingliederung der Menschen in politische Selbstverwaltungseinheiten, in denen sie ihr Leben wieder selbst gestalten konnten. Diese Wiedereingliederung von Veteranen, aber auch von mittellosen Proletariern bedeutete vor allem die Zuweisung von Ackerland, dessen Bebauung sodann das Leben der Angesiedelten sichern sollte. Soweit es sich dabei um römische Bürger handelte, wäre deren natürliche Lebenssphäre Italien, das römische Bürgerland, gewesen. Doch in Italien stand, jedenfalls nach dem Ende der Bürgerkriege, kein freies Land mehr zur Verfügung. Das hätte nur dann zur Verfügung gestanden, wenn man die bisherigen Besitzer vertrieben hätte. Das war noch zu Beginn des römischen Bürgerkriegs zwischen 42 und 39 v. Chr. geschehen. In Vergils Bucolica, seinen Hirtengedichten, hat dieses brutale Eingreifen durch Octavian in dichterischer Form seine dauerhaften Spuren hinterlassen.[26] Nach dem Ende des Bürgerkriegs war eine neuerliche Vertreibung von Landbesitzern zugunsten von Veteranen ausgeschlossen. Damit aber schlug die Stunde der Provinzen, in denen mehr Land zur Verfügung stand oder in denen solches zumindest leichter gefunden werden konnte. (Abb. 4) Nichtrömische Städte oder Stämme, die eben erst unterworfen worden waren oder die sich während des mittelmeerischen Weltkriegs der falschen Seite angeschlossen hatten, wurden jetzt nicht selten damit bestraft, dass sie Land an Rom abtreten mussten. Aus einem Kataster, der in der provenzalischen Stadt Orange, dem römischen Arausio, auf Steintafeln gemeißelt worden war und dort aufgefunden wurde, lässt sich erkennen, wie dieses Land römischen Siedlern zugeteilt wurde.[27] (Abb. 5) Aber Augustus griff nicht nur mit Gewalt zu, er kaufte manchmal auch Land in großem Stil auf, in Italien, aber auch in den Provinzen.[28] Dessen rühmt er sich in seinen Res gestae. Über dieses Land konnte er frei verfügen, um dort Veteranen anzusiedeln, entweder in schon bestehenden urbanen Zentren oder auch in

Zeichenerklärung:
● = vorcaesarische Kolonien
+ = caesarische Kolonien
O = caesarische Municipien
= augusteische Kolonien
O = augusteische Municipien
Maßstab 1:10000000

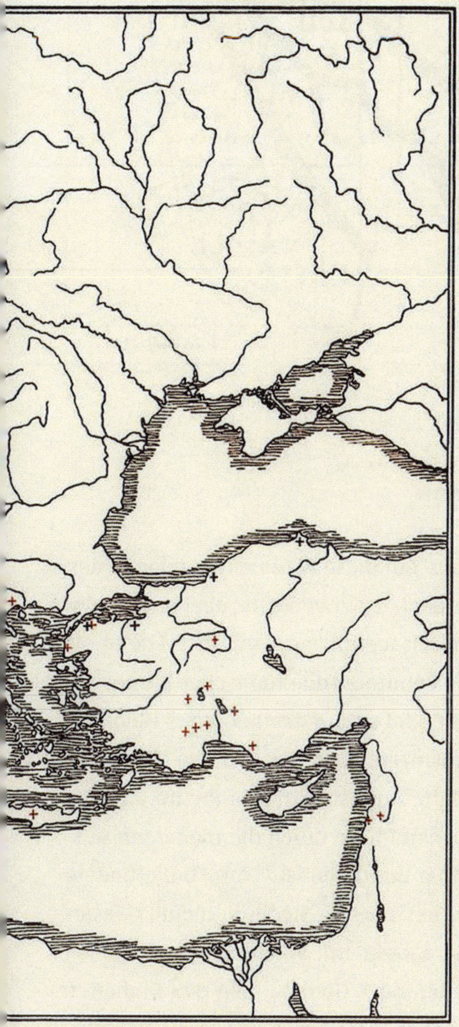

Abb. 4
Karte, die die römischen Kolonien und municipia zeigt, die unter Caesar und Augustus im römischen Reich angelegt wurden.

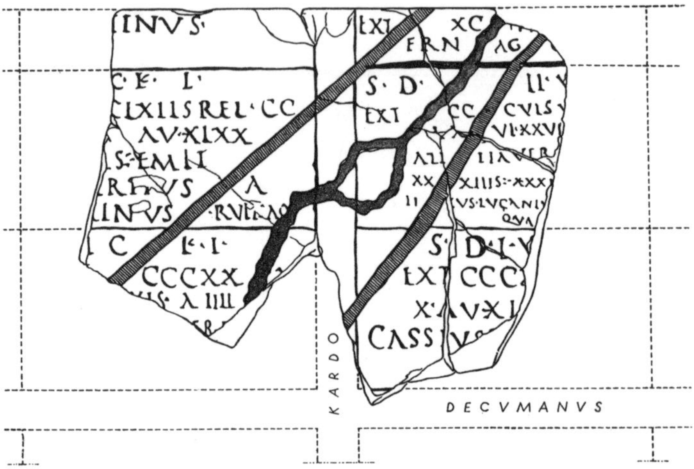

Abb. 5
Teil des römischen Katasters der Stadt Arausio (Orange) in der Provinz Narbonensis.

neu gegründeten Städten. Auf diese Weise entstanden in den meisten Provinzen nahe der Mittelmeerküste, aber auch in deren Landesinnerem römisch-rechtlich organisierte Städte als Kolonien, in denen viele Zehntausende römischer Bürger angesiedelt wurden.[29] Man findet sie auf der iberischen Halbinsel in den drei dortigen Provinzen, etwa das von den Veteranen zweier Legionen besiedelte Augusta Emerita (heute Mérida), das in seiner augusteischen Phase durch die modernen Ausgrabungen wieder sichtbar geworden ist.[30] Am Ebro gründete Augustus in eine schon bestehende Siedlung hinein Caesaraugusta, das heutige Saragossa, mit Veteranen der Legionen IV Macedonica, VI Victrix und X Gemina; alle drei Einheiten waren damals auf der iberischen Halbinsel stationiert.[31] Ebenso finden sich im Süden Frankreichs, in der römischen Provinz

Narbonensis, augusteische Gründungen, etwa Forum Iulii, das moderne Fréjus,[32] nicht anders an der dalmatinischen Küste, wo z. B. Salona, in der Nähe des heutigen Split, als Kolonie angelegt wurde. In Griechenland hat die neue Kolonie Patras bald die anderen Städte an Bedeutung überflügelt,[33] selbst Nicopolis, die Stadt, die Augustus zur Erinnerung an seinen Sieg über Cleopatra und Marcus Antonius bei Actium hatte errichten lassen. Im nördlichen Makedonien wurde die Kolonie Philippi, ursprünglich durch Marcus Antonius gegründet, nach dessen Niederlage und Tod auf Augustus umgeschrieben und vielleicht mit zusätzlichen Siedlern vergrößert. Auf Münzen heißt es dann nicht mehr *A(ntoni) I(ussu) C(olonia) V(ictrix) P(hilippensium)* = „auf Befehl des Antonius (wurde) die Colonia Victrix Philippensium (gegründet)", sondern *Col(onia) Aug(usta) Iul(ia) Phil(ippensium) Iussu Aug(usti)* = „Die Colonia Augusta Iulia Philippensium (wurde) auf Befehl des Augustus (gegründet)" – so kann man auch – partielle – Geschichtsklitterung betreiben.[34] In Kleinasien geht die Kolonie Alexandria Troas, nahe dem antiken Troja, auf Augustus zurück,[35] ebenso Antiochia Pisidia, rund 120 km nördlich des heutigen Antalya, heute als eindrucksvolle Ruinenstätte bekannt (Abb. 6), oder die in der Apostelgeschichte genannten Kolonien Lystra und Derbe, nicht anders als die Kolonie Knossos auf Kreta.[36] Schließlich verdankte auch das heutige Beirut unter dem Namen colonia Felix Iulia Augusta dem ersten Princeps seine Existenz, ebenso Baalbek, wenn es denn schon damals eine eigene Selbstverwaltungseinheit und nicht nur eine Siedlung auf dem Territorium der Kolonie Berytus war.[37] Der Kreis der augusteischen Kolonien schließt sich im heutigen Tunesien, Algerien, Mauretanien und Marokko, wo ganz im Westen Tanger, das antike

Abb. 6
Aquädukt, der zur römischen Kolonie Antiochia in Pisidien führte.

Tingis, schon im Jahr 38 v. Chr. zu einer römischen Stadt erhoben, aber erst durch Augustus zu einer römischen Kolonie geworden war.[38] Mit diesen Kolonien wurden besonders kräftige Zentren des Römertums in den Provinzen geschaffen, da sie meistens mit römischen Legionsveteranen besiedelt wurden. Selbst wenn nicht alle diese ehemaligen Legionäre aus Italien stammten, sondern manche, vor allem während der Bürgerkriege, beim Eintritt in das Heer noch gar keine römischen Bürger waren, vielmehr das Bürgerrecht erst erhalten mussten, was vornehmlich im Herrschaftsbereich des Antonius im Osten geschah, so waren doch auch sie durch eine mehrere Jahrzehnte dauernde Prägung in den Legionen gegangen. Latein war ihre Sprache geworden, ihre Persönlichkeitsprägung erfolgte vor allem durch das Heer, seine Werte und Ansprüche. All das gewährleistete im Allgemeinen eine starke Bindung an Rom und nicht zum wenigsten an Augustus selbst, dem sie schließlich ihre Versorgung verdankten. So bildeten die Siedlungen, in denen die Veteranen die bestimmende Mehrheit der Bevölkerung stellten, Zentren der römischen Loyalität, aber auch der römischen Lebensweise und Kultur. Rom war für diese ausgelagerten *coloniae* nicht allein das *caput mundi*, sondern vor allem der Ort, den Augustus nicht nur als neues Zentrum der politischen, sondern auch der kulturellen und religiösen Welt ausgestaltete. Der Palatin mit seinen Großbauten, das Marsfeld mit dem Pantheon, das umgestaltete Forum Romanum und das neue Forum Augusti mit dem Tempel des Mars Ultor zeigten (Abb. 7), wie ein urbanes Zentrum sich den Bürgern präsentieren sollte. Augustus' Behauptung, er habe eine Stadt aus Ziegeln angetroffen, aber eine Stadt aus Marmor hinterlassen, ist eine zutreffende Beschreibung.[39]

Dieses Rom wirkte beispielgebend. Von dort bezogen die Städte Italiens und der Provinzen die Vorbilder für die eigenen Lebensformen, das römische Modell war die Blaupause für die eigene urbane Entwicklung.[40] Für uns ist das heute vor allem noch greifbar durch die eindrucksvollen Bauten in vielen dieser Städte, die bereits auf die augusteische Zeit zurückgehen, wie etwa die Theater von Mérida und Orange oder der gewaltige Aquädukt, der Pont du Gard nahe dem römischen Nemausus. Diese Bauten sind freilich nur der äußere Ausdruck des Lebens in diesen Städten, das sich an stadtrömischen bzw. italischen Normen und gesellschaftlichen Vorstellungen ausrichtete. Denn die bauliche Umgebung wurde in dieser Weise ausgestaltet, damit sich dort das Gemeinschaftsleben entwickeln konnte, das mit dem Ausdruck Selbstverwaltungseinheit durchaus zutreffend, wenn auch nicht ausreichend beschrieben ist. Gemeinde ist wohl aussagekräftiger.

Die Kolonien waren aber nur ein Teil der Siedlungen, die durch Augustus zur Organisation und Gestaltung der Welt geschaffen wurde. Daneben standen, sogar noch in größerer Anzahl, die sogenannten *municipia*, die zwar einen vergleichbaren Rechtsstatus hatten wie die Kolonien, deren Bevölkerung aber anders zusammengesetzt war.[41] Dort wurden keine römischen Bürger angesiedelt, sondern es waren gewachsene Siedlungen, schon bestehende Städte, die als *municipia* eine römische Grundordnung erhielten, wobei alle Bewohner zu römischen Bürgern gemacht wurden – soweit sie dieses Bürgerrecht nicht schon vorher individuell gehabt hatten. Neben diesen zahlreichen *municipia* nach römischem Recht existierten solche mit latinischem Recht, deren Bürger nur eine Vorstufe zum römischen Bürgerrecht besaßen; für die äußere

Abb. 7
Tempel des Mars Ultor auf dem Forum Augusti in Rom.

Ordnung der Provinzen spielte das aber keine so große Rolle, da sie sich in der Organisationsform und in der Sprache nicht von den römischen unterschieden. Dass man beide Typen von Städten nebeneinander bestehen ließ, hatte u. a. politische Gründe. Zum einen sollte das römische Bürgerrecht seinen elitären Status beibehalten, zum anderen konnte man, z. B. als Belohnung für langdauernde Loyalität oder für Verdienste im Sinne Roms, einem latinischen Bürger sozusagen ein Upgrade zum römischen Bürgerrecht geben. Dies wurde durchaus geschätzt und vielfach eingesetzt. Auch latinische Städte dienten somit dazu, die Provinzen mit römischer Lebensweise zu durchdringen und an Rom zu binden.

Allen aber, ob römische oder latinische Kolonien, römische oder latinische *municipia*, war gemeinsam, dass sie voll ausgebildete, sich selbst verwaltende Städte waren mit einem Zentrum, in dem vor allem die führenden Familien lebten, sowie einem Territorium, das von dort aus geleitet wurde. Auf der Basis dieser städtischen Zentren, zu denen auch die meist schon sehr alten griechischen Poleis in den Provinzen jenseits der Adria, vor allem in Kleinasien und im römischen vorderen Orient gehörten, organisierte und administrierte Augustus das Reich und sicherte damit die römische Herrschaft, für seine eigene Zeit und für die Zukunft unter seinen Nachfolgern. Wie niemand vorher oder nachher hat Augustus dieses Instrument nicht nur aktiv zur Durchsetzung seiner Politik benutzt, sondern in manchen Reichsteilen in großen Umfang überhaupt erst geschaffen. Nimmt man alle seine Städtegründungen zusammen, seien es römische Kolonien, römische oder latinische *municipia* oder auch einzelne Poleis im griechischen Osten, dann gehen auf ihn mehrere hundert solcher neuen oder zumindest im Status veränderten Städte zurück, die wie ein gewaltiges Netz das gesamte Reich überspannten und zusammenhielten. Verbunden waren sie durch die römischen Reichsstraßen, deren erster systematischer Ausbau in den Provinzen ebenfalls auf Augustus zurückgeht. Eine der primären Maßnahmen, die z. B. Agrippa ergriff, als er in den Jahren 20 – 18 v. Chr. ganz Gallien als Statthalter leitete, war der Bau von drei Überlandstraßen, die das Territorium der gallischen Provinzen von Lugdunum, dem heutigen Lyon, bis zur Atlantikküste im Westen und Norden sowie bis zum Niederrhein erschlossen.[42] (Abb. 8)

Die spezifisch römische Form der autonomen gemeinsamen Gestaltung des Lebens der Menschen in einem urban gestalteten Zentralort mitsamt einem zugehörigen Territorium bestand in vielen Bereichen schon zu dem Zeitpunkt, zu dem Rom seine Herrschaft errichtete. Doch in anderen Gegenden des Reichs, etwa in Gallien, im Norden der iberischen Halbinsel oder in weiten Teilen der Donauländer lebten die Menschen

Abb. 8
Porträt Agrippas auf einer Münze mit der sogenannten Schiffkrone, die an einen seiner Siege zur See während der Bürgerkriege erinnert.

in deutlich anders strukturierten Gemeinschaftsformen, vor allem als Stämme mit einer stark dezentralen Siedlungsstruktur. Die Menschen wohnten verstreut in zahlreichen kleinen Orten, an denen manchmal führende Familien von ihnen abhängige Zentren ausgestaltet hatten. Doch ein permanentes Zentrum, an dem die politisch-administrativen Funktionen des gesamten Gemeinwesens kontinuierlich einsatzbereit waren, hatte sich dort nicht entwickelt. Höchstens ein Heiligtum oder eine Höhensiedlung konnte zeitweise eine solche Funktion wahrnehmen. Für die römische Politik musste eine solche Zersplitterung eher chaotisch wirken, vor allem weil man selbst ganz andere Formen gewohnt war. Wie konnte man mit solchen Untertanen in Verbindung treten, wann immer es nötig war? Mit einem Klientelkönig wie Herodes in Judaea oder den Königen in Mauretanien, denen als Monarchen ein großes Gebiet unterstand, konnte man direkt verkehren; sie waren die Ansprechpartner Roms für ihr jeweiliges Reich. Gleiches galt für Städte wie Carthago nova in Spanien, Athen in der Provinz Achaia oder Ephesus in Asia oder den unzähligen anderen Städten des Imperiums. Doch wie sollte das bei einem Stamm geschehen, wenn dessen führende Familien nicht in einem zentralen Ort wohnten, sondern an vielen Plätzen, verstreut über das gesamte Territorium, wenn ein Gremium wie eine Ratsversammlung oder auch die Amtsträger nicht mit Selbstverständlichkeit an einem Ort ansprechbar waren? Bei den Cheruskern waren mehrere solcher Zentren vorhanden, von denen eines von der Familie des Arminius, das andere von der Familie seines Schwiegervaters Segestes beherrscht wurde.[43] Das barg zum einen genügend Möglichkeiten für Konflikte, schuf aber vor allem nicht den verantwortlichen, von

Abb. 9
Ubische Münzen.

allen Stammesangehörigen bestimmten Ansprechpartner für Rom.

Diese Dezentralität war auch beim germanischen Stamm der Ubier zu finden. Marcus Agrippa, der engste politisch-militärische Partner des Augustus, hatte zwischen 20 und 18 v. Chr., am ehesten im Jahr 19 v. Chr., den größeren Teil des Stamms aus dem Gebiet um den Dünsberg wenig nördlich von Gießen an der Lahn über den Rhein geholt und den Stammesangehörigen die heutige Kölner Bucht als Siedlungsgebiet zugewiesen.[44] Dort siedelte der Stamm so dezentral, wie er das auch vorher auf der rechten Rheinseite getan hatte. Die Principes des Stammes schufen sich ihre familialen Zentren in verschiedenen kleinen Siedlungen, etwa im heutigen Bonn, bei Nörvenich[45] oder bei Worringen[46], wahrscheinlich auch bei Neuss.[47] Dort lag jeweils das Machtzentrum eines Familienclans, nicht aber das Zentrum des gesamten Stamms; denn dieses gab es noch nicht. Äußeres Zeichen für die Aufteilung der Führung des Stamms sind differierende Personennamen auf einigen ubischen Münzen[48], die ansonsten gleich gestaltet sind.[49] (Abb. 9)

Das Gebiet der heutigen Kölner Altstadt, das später zum Zentrum des gesamten Stamms entwickelt wurde, besiedelten die Ubier zunächst nicht.[50] Es wurde zuerst für die Römer interessant. Zu den Umständen, die die römische Militäradministration dazu veranlassten, auf diesem Gelände ein städtisches Zentrum zu errichten, gehörten sicherlich die hochwasserfreie Lage sowie der durch die vorgelagerte Insel sichere Landeplatz für Schiffe auf dem Rhein. (Abb. 10) Doch die entscheidenden Gründe, überhaupt ein städtisches Zentrum im Gebiet der Ubier anzulegen, waren andere: Rom hat zwar ohne Zweifel schnell eine Infrastruktur schaffen wollen, um das so ausgedehnte, mehrere tausend Quadratkilometer große Siedlungsgebiet der Ubier, das sich von Remagen bis Krefeld erstreckte, auch politisch-administrativ in das Reich zu integrieren; darauf ist nochmals zurückzukommen. Doch der unmittelbare Anlass, diese Strukturmaßnahmen um das

Abb. 10
Ansicht des römischen Köln.

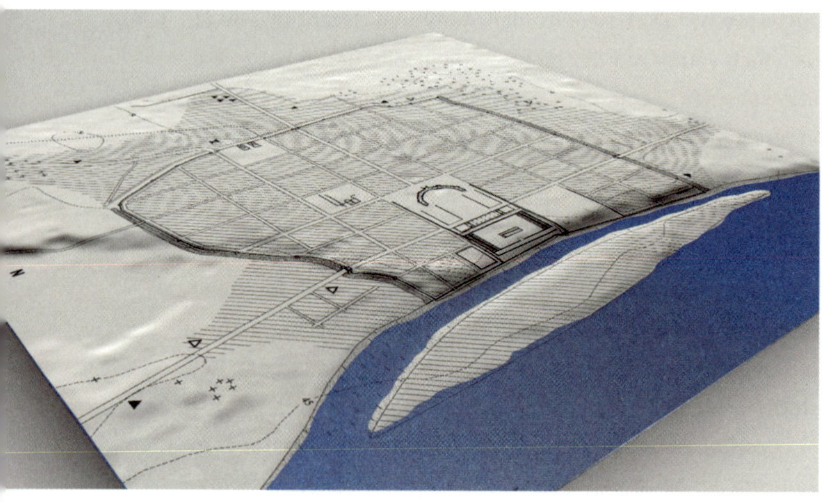

Abb. 11
Münze mit dem Altar für Roma und Augustus, der bei Lugdunum errichtet wurde.

Jahr 7 v. Chr. in Angriff zu nehmen, ergab sich aus dem – vermeintlichen – Abschluss der Eroberung des rechtsrheinischen Germanien. Es galt, alle germanischen Stämme über die militärische Unterwerfung hinaus durch politisch-religiöse Loyalitätsformen in den römischen Reichsverband einzubinden. Vorbild für eine derartige Loyalitätsorganisation waren die Provinziallandtage sowohl im Osten des Reichs als auch speziell der Landtag der gallischen Provinzen. 12 v. Chr. hatte Drusus, Augustus' jüngerer Stiefsohn, in Lugdunum ein Kultzentrum, die *ara Romae et Augusti*, errichten lassen. (Abb. 11) Dort sollte jährlich im Herbst eine Loyalitätsveranstaltung in kultischen Formen stattfinden. Ein Provinzialpriester sollte als Vertreter aller gallischen Stämme an einem zentralen Altar Opfer darbringen, gerichtet an die Göttin Roma und Augustus. Dieser Priester wurde für jedes Jahr neu gewählt, und zwar durch Abgesandte aller gallischen Stämme. Das waren insgesamt 64, die sich jährlich zu einem bei Lugdunum tagenden Landtag versammelten. Augustus hoffte, auf diese Weise einzelne herausragende Vertreter der gallischen Aristokratie und durch diese auch die Stämme insgesamt an sich und damit an Rom zu binden.[51] Die stammesinternen Klientelbeziehungen weiter Bevölkerungskreise zu führenden Familien lieferten dazu die nötigen Voraussetzungen.

Eine derartige Absicherung der Herrschaft Roms war im Fall der germanischen Stämme noch weit wichtiger als in Gallien. Der Sieg Caesars über die gallischen Stämme lag damals bereits mehr als 40 Jahre zurück, doch Germanien war eben erst unterworfen worden, der mögliche Widerstand umso eher möglich; das machte die Sicherung der Loyalität der Führungsgruppen umso dringlicher. Der Entschluss, auch die germanischen Stämme in einer analogen Weise an Rom zu binden, ist, so darf man heute schließen, der eigentliche Anlass gewesen, der zur Gründung der Siedlung an der Stelle der heutigen Kölner Altstadt geführt hat. Der Beweis dafür ergibt sich aus dem Stadtplan des römischen Köln. (Abb. 12) An der Rheinfront des römischen Köln sind eine ganze Reihe imposanter Gebäude und Anlagen entstanden; doch das Zentrum des gesamten Ensembles bildete der seit einiger Zeit durch die Archäologie südlich vom spanischen Bau des Ratshauses nachgewiesene Kultbezirk, der sich von Nord nach Süd über rund 200 Meter erstreckte. Er war sicherlich wie bei Lugdunum der Göttin Roma und Augustus gewidmet, obwohl kein direktes Zeugnis dazu etwas überliefert. Um diesen Kultbezirk gruppierten sich die anderen wichtigen Anlagen, einerseits das administrative Zentrum des Statthalters, das Praetorium, das unter dem spanischen Bau noch heute zum Teil zugänglich ist, andererseits das große Forum, das nach Westen orientiert war und anscheinend baulich, aber auch rechtlich mit dem Kultbezirk zusammen eine Einheit gebildet hat. Die zentrale

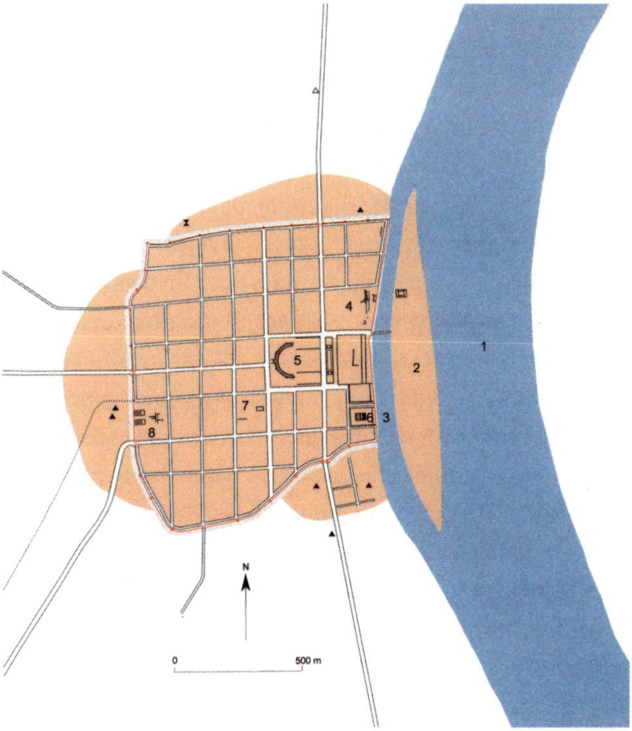

Abb. 12
Plan des römischen Köln mit Kultbezirk und praetorium an der Rheinfront, die bereits Teil der ersten Planausführung waren.

Lage dieses Kultbezirks war während der gesamten Geschichte des römischen Köln für die städtische Anlage konstitutiv. Er ist bis in die Spätantike hinein beibehalten und während dieser Zeit auch nicht überbaut worden.[52]

Freilich – ein Kultbezirk allein konnte nicht funktionieren; es bedurfte einer Siedlung, um die Infrastruktur für alles zu schaffen, was während der kultischen Feierlichkeiten notwendig war: z. B. Unterkunft für die Abgesandten der germanischen Stämme, vor allem von der rechten Rheinseite, ebenso auch die Bereitstellung der Opfertiere und all dessen, was für die Prozessionen und Spiele, die sicherlich einen Teil des Festes bildeten, benötigt wurde. Zudem brauchte eine solche Festveranstaltung ein Publikum.[53] Noch wichtiger für die Entwicklung der Siedlung war vielleicht, dass auch für den Aufenthalt der römischen Teilnehmer, also des Statthalters und seiner Begleitung, gesorgt werden musste. All das konnte nicht in jedem Jahr neu auf der grünen Wiese organisiert werden, zumal die römischen Teilnehmer aus ihren Heimatländern einen gewissen Komfort gewohnt waren. So hat man von römischer Seite wohl gleichzeitig mit der Wahl des Platzes für den Kult noch zusätzlich entschieden, hier auch das staatliche, politisch-administrative Zentrum zu errichten; das war schon in Lugdunum so organisiert.[54] Auch dafür spricht die urbanistische Anlage des Praetoriums im direkten Anschluss an den Kultbezirk. All dies aber bedurfte auch einer allgemeinen Siedlung, und deren Bevölkerung konnten nur die Ubier stellen. Diese in ein Zentrum zu holen, vor allem natürlich die Stammesaristokratie, entsprach der römischen Vorstellung eines Gemeinwesens: Teile der Bevölkerung lebten auf dem landwirtschaftlich genutzten Territorium, ein Teil aber und speziell die führenden Familien sollten ihre Wohnsitze im Zentrum haben. Diese Konzentration der Principes der Ubier in dem neuen Zentralort scheint auch relativ schnell erfolgt zu sein. Jedenfalls endet die Prägung der Münzen der Ubier noch vor der Zeitenwende. Man brauchte dieses Geld nicht mehr, da mit den römischen Münzen ein weit flexibleres Geldsystem zur Verfügung stand. So wurde das oppidum Ubiorum geschaffen, das heißt der städtische Kern des Stamms der Ubier.[55] Damit war die schon bestehende Selbstverwaltungsgemeinde der Ubier oder, römisch formuliert, die *civitas Ubiorum*, in eine übliche römische städtische Struktur überführt. Und so konnte sie wie viele andere Städte im Imperium ihre Funktion als Teil der Infrastruktur für die Ausübung der römischen Herrschaft ausüben. Der Zentralort blühte schnell auf, er entwickelte sich unmittelbar zu einem urbanen Zentrum, das trotz starker germanischer Komponenten selbst in der ersten Phase nicht den Charakter eines germanischen Dorfes annahm, sondern schon bald mit zahlreichen Steinbauten glänzen konnte. Das zeigte sich nicht nur durch eine zum Teil steinerne Befestigungsanlage, von der noch das sogenannte Ubiermonument[56] (Abb. 13) Zeugnis ablegt, sondern offensichtlich auch durch steinerne Tempelarchitektur, Portiken und einen Ehrenbogen, vermutlich zu Ehren von Augustus oder seinem Nachfolger Tiberius errichtet (Abb. 14). Von all diesen Bauten sind, wenn man von einem großen Grabmal für einen Kassenbeauftragten des Augustus absieht, nur noch jämmerliche Fragmente erhalten, doch sie genügen, um die frühere urbane Realität zu bezeugen.[57]

In welch generellem Ausmaß Augustus Selbstverwaltungsstrukturen mit städtisch geprägtem Zentralort und Territorium, die denen der Ubier entsprachen, überall dort, wo es möglich schien, geschaffen hat, zeigt ein weiteres Beispiel aus dem neu eroberten Germanien. Etwa 70 km nördlich von Frankfurt, an der Lahn in unmittelbarer Nähe zu Wetzlar und nur 10 km vom Dünsberg, dem alten Zentrum der Ubier, entfernt, wurde bei Waldgirmes in den Jahren seit 1993 eine archäologische

Abb. 13
Ubiermonument: Turm der Befestigungsanlage des oppidum Ubiorum in der Südostecke der Stadt; die Baumstämme des Pfahlrostes, auf dem der Turm steht, sind im Winter 4/5 n. Chr. gefällt und dann sogleich verbaut worden.

Abb. 14
Säulentrommel, die typologisch zu einem Ehrenbogen gehört hat, etwa augusteisch-tiberische Zeit.

Fundstelle aus römischer Zeit ausgegraben.[58] Die Archäologen der Römisch-Germanischen Kommission des Deutschen Archäologischen Instituts in Frankfurt nahmen angesichts der äußeren Wallanlagen zunächst an, auf ein römisches Militärlager gestoßen zu sein. Doch bald stellte sich heraus, dass es sich um eine zivile Siedlung handelte. (Abb. 15) Darauf deuteten die zivilen Wohnhäuser hin, ebenso eine Wasserleitung, die durch Bleirohre das Wasser herbeiführte. Man fand vor allem einen zentralen Platz, den man bald als Forum mit einer anschließenden Basilica identifizierte. Auf dem Forumsplatz aber wurden fünf Basen ausgegraben, auf denen einst Bronzestatuen gestanden hatten. Von diesen wurden im Verlauf der Grabung viele kleinere und größere Fragmente gefunden. Eine Sensation bildete ein fast vollständig erhaltener Pferdekopf, der im Sommer 2009 aus einem Brunnen geborgen wurde. Diese Bronzefragmente gehörten zu mehreren Reiter-

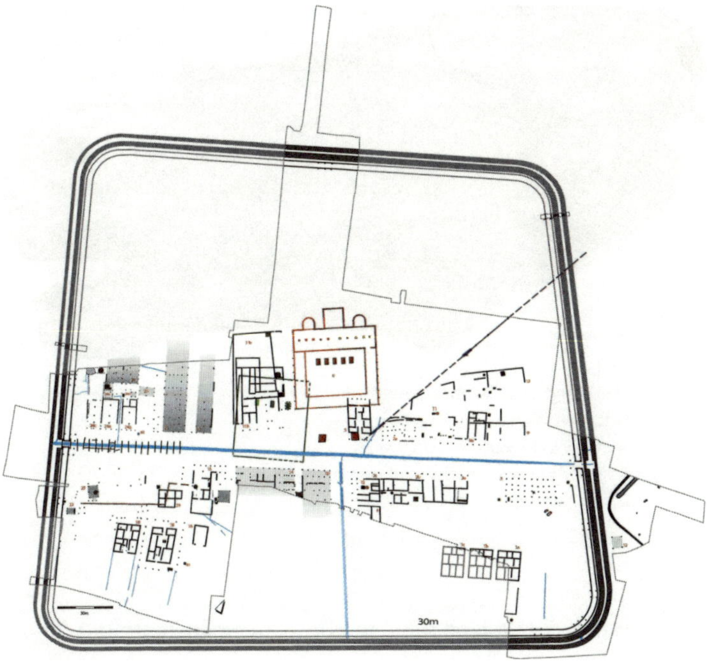

Abb. 15
Waldgirmes: Plan der zwischen 5 v. und 9 n. Chr. erbauten Zentralsiedlung Waldgirmes. Das römische Modell, das hier verwirklicht wurde, ist klar erkennbar.

statuen, die vermutlich Augustus und Mitglieder seiner Familie darstellten. (Abb. 16) Der Aufbau der Siedlung wurde etwa um 5 v. Chr. begonnen, allerdings wurde sie bereits 9 n. Chr. in der Folge der Niederlage des Varus im saltus Teutoburgiensis zerstört. Alles, was gefunden wurde, gehört also in den knappen Zeitraum von nicht einmal 15 Jahren. Das aber zeigt, dass die römische Militäradministration außerordentlich rasch agierte,

Abb. 16
Pferdekopf, 2009 in Waldgirmes gefunden, der zu einer Reiterstatue vermutlich des Augustus oder eines Angehörigen seiner Familie auf dem dortigen Forum gehörte.

um in der Gegend um den Dünsberg einen Zentralort für die dort lebende Bevölkerung zu schaffen, vielleicht für den Rest des Stamms der Ubier, der 19 v. Chr. dem Angebot Agrippas nicht gefolgt, sondern in seinem alten Siedlungsgebiet geblieben war.[59]

In Germanien wurden somit durch Augustus und das römische Heer in gleicher Weise an der Lahn und am Rhein Zentralorte geschaffen, die der Erschließung und der Beherrschung des eroberten Raums dienen sollten. Das oppidum Ubiorum und Waldgirmes sind nicht die einzigen im germanischen Siedlungsgebiet geblieben. Tongeren, der Zentralort der *civitas* der Tungri, ist eine weitere Stadt, die aus römischer Initiative entstand[60], ebenso Nijmegen am Niederrhein, in dessen Nähe Legionen stationiert waren.[61] Auch Trier ist zu diesen frühen Zentralorten zu zählen.[62] Und man darf mit guten Gründen davon ausgehen, dass auch im rechtsrheinischen Gebiet weitere Siedlungen wie Waldgirmes angelegt wurden oder zumindest geplant waren. Dafür gibt es sogar eine Überlieferung in der römischen Geschichte des Cassius Dio, eines Historikers, der zu Beginn des 3. Jh. n. Chr. in griechischer Sprache geschrieben hat. Er berichtet, Augustus habe im eroberten germanischen Gebiet Poleis, also Städte, errichten lassen, und zwar direkt nachdem die Region dem römischen Herrschaftsgebiet eingegliedert worden war.[63] Bis zu dem Tag, als man Waldgirmes als zivile Siedlung identifizierte, hatte die moderne Wissenschaft diese Aussage als Missverständnis des Historikers angesehen. Doch sein Bericht ist zutreffend. Was hier in Germanien in einem neu gewonnenen Gebiet greifbar wird, ist ein Teil der Erschließung und Gestaltung der Welt durch Augustus – nach römischen Vorstellungen und Formen.

Die gallischen und germanischen Stämme selbst waren zwar sozusagen von Natur aus Selbstverwaltungseinheiten, aber eben in einer Form, die, wie betont, für Rom zu dezentral, zu wenig konzentriert war. Deshalb hat Augustus mit großem Nachdruck bei Stämmen wie den Ubiern solche urbane Zentren schaffen lassen. Denn die Ubier oder die Germanen, die um Waldgirmes lebten, wer auch immer sie gewesen sein mögen, hatten weder die Intention zur Anlage solcher Zentren, noch verfügten sie zunächst über die dafür nötigen handwerklichen Kenntnisse. Diese Zentren sind also als rein römische Siedlungen konzipiert und erbaut worden. Doch damit diese urbanen Zentren als Teil des Gemeinwesens funktionierten und aufblühten, war die Mitwirkung zumindest eines Teils der

Stammesangehörigen erforderlich, sobald die Grundlagen gelegt waren. Denn die lokale Administration der neu strukturierten Gemeinden verblieb in den Händen der Angehörigen der jeweiligen *civitas*, vor wie nach der Gründung des Zentrums. Manche Stammesangehörigen haben schnell die Möglichkeiten erkannt, die sich ihnen persönlich, aber auch ihrem Gemeinwesen boten, wenn man sich auf die neugeordnete Zusammenarbeit innerhalb eines solchen Zentrums einließ. Denn wenn man realistisch war, konnte man dieser ohnehin nicht völlig entkommen. Das römische System war auf die Kooperation der Untertanen angewiesen. Eine Verweigerung wäre auch nicht akzeptiert worden, sie hätte zur direkten Unterordnung unter die Militäradministration geführt. Dem Stamm hätte man die Selbstverwaltung entzogen und ein Präfekt aus dem Heer wäre der dominante Herr der *civitas* geworden. In manchen Reichsteilen kann man das durchaus beobachten, etwa zunächst im Norden Spaniens, ebenso an der unteren Donau.[64] Doch durch die Kooperation, die auch Dienste für die staatliche Administration der obersten Ebene einschloss, konnten die Ubier ihr Leben selbst gestalten, so wie sie es gewohnt waren, aber unter zivilisatorisch nunmehr wesentlich günstigeren Umständen. Die baulichen Reste des frühen urbanen Köln lassen erahnen, wie fortgeschritten die bauliche Entwicklung innerhalb des damals schon existierenden Mauerrings war. Den Ubiern war ihre Abhängigkeit natürlich bewusst, denn sie hatten Truppen zu stellen, wie das mehrere Militärdiplome aus den Provinzen Moesia inferior und den dakischen Provinzen im späten 1. und im frühen 2. Jahrhundert n. Chr. zeigen.[65] Von einem Ubier ist durch ein solches Diplom bekannt geworden, dass er im Jahr 99 n. Chr. das römische Bürgerrecht erhalten hat, nachdem er 25 Jahre als Soldat gedient hatte.[66] (Abb. 17) Vermutlich mussten die Ubier zunächst auch Steuern zahlen wie alle anderen Untertanengemeinden auch; erst seit der Koloniegründung waren sie durch ein besonderes Privileg, das ihnen Agrippina verschafft hatte, von regelmäßigen, jährlich zu erbringenden Steuerzahlungen befreit.[67] Unmittelbar nach Schaffung der neuen Gemeinde der Ubier war das noch anders. Personal des Augustus, das die Steuern entgegennahm, die die Gemeinde einzusammeln hatte, war vor Ort. Denn auch dieser Zweig der staatlichen Administration wurde schon ganz kurze Zeit nach dem Beginn der römischen Herrschaft etabliert, und zwar im *oppi-*

Abb. 17
Militärdiplom, das im Jahr 99 n. Chr. ein Ubier erhielt.

dum selbst. Ein Sklave von Augustus und seinem Nachfolger Tiberius, der als ein sogenannter *dispensator* Gelder für den Fiskus des Princeps einkassierte und wieder auszahlte, ist uns durch sein Grabmal, das sich aus den erhaltenen Quadern des Grabbaus rekonstruieren lässt, bekannt.[68] (Abb. 18) Die Quader waren in spätantiker Zeit im Fundament einer Befestigungsanlage auf der ehemaligen Rheininsel verbaut worden und konnten auf diese Weise zwei Jahrtausende überleben.[69] Aber die Steuern zog nicht dieser *dispensator* ein, das hatten die Magistrate der Ubier selbst zu erledigen. Ob sie dies mit ihrem eigenen Personal durchführten oder ihrerseits private Steuereinnehmer damit beauftragten, wie das vielfach geschah, ist uns nicht überliefert. Jedenfalls waren sie rechtlich für den Steuereingang verantwortlich.

Die Ubier waren in dieser Weise ein selbstverständlicher Teil des reichsumspannenden Netzes von Selbstverwaltungseinheiten geworden. Sie waren ein *oppidum Augusteum*, eine Gemeinde, deren Gründung auf Augustus, den ersten römischen Princeps, zurückgeht.[70] Früher war man sich dieser Gründung in augusteischer Zeit offensichtlich deutlicher bewusst, als das heute zumeist der Fall ist. Denn in der Stadtansicht, die von Anton Woensam 1531 für Kaiser Karl V. im Auftrag der Stadt gezeichnet wurde, erscheinen in der vierten Ebene des Stichs neben Engeln die Stadtgründer und Stadtbeschützer: Es sind die Heiligen Drei Könige, Agrippina und Marsilius, aber auch Marcus Agrippa, der 19 v. Chr. die Ubier auf die linke Rheinseite holte und damit den Grundstein dafür legte, dass das römische Köln entstehen konnte. (Abb. 19)

Diese letzten Aussagen über die Gründung der ubischen Selbstverwaltungseinheit durch Agrippa als Vertreter von

Abb. 18
Rekonstruktionszeichnung des Grabmals, das sich ein Kassenbeauftragter von Augustus und Tiberius beim oppidum Ubiorum errichten ließ.

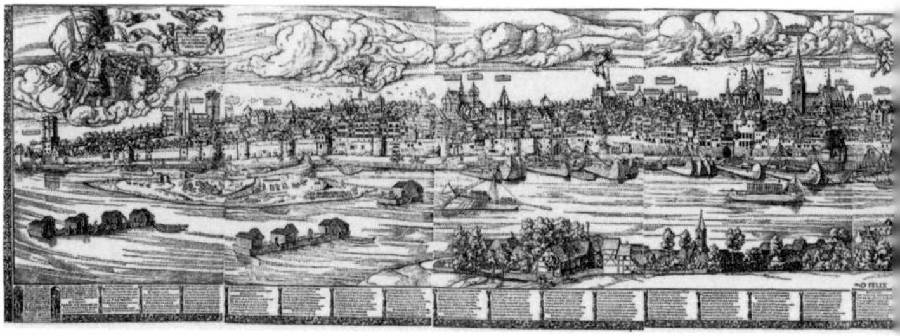

Augustus und über die Gründung der Stadt der Ubier direkt durch Augustus stehen in einem deutlichen Widerspruch zu dem, was in Köln oft als selbstverständlich angesehen wurde und selbst heute oft noch so gesehen wird. Denn ist nicht Agrippina, die Kölner Nationalheilige, die eigentliche Gründerin der Stadt Köln, weshalb sie auch am Rathausturm statuarisch präsent ist? Auch in meiner Darstellung der Frau des Kaisers Claudius aus dem Jahr 1993 wird sie als Stadtgründerin Kölns bezeichnet.[71] So lautet jedenfalls der Titel des Büchleins: „Agrippina – die Stadtgründerin Kölns. Eine Frau in der frühkaiserzeitlichen Politik". Die Anführungszeichen, in die dort das Wort ‚Stadtgründerin' gesetzt werden sollte, um auf die *Teilwahrheit* des Wortes aufmerksam zu machen, waren den Einwänden des Verlags und des Herausgebers der Reihe zum Opfer gefallen. Im Innern steht freilich etwas deutlich anderes als der Titel erwarten lässt. Denn dort heißt es, auf Agrippina gehe „die Gründung der ersten **römisch-rechtlich** organisierten Stadt im Rheinland, der *Colonia Claudia Ara Agrippinensium*", zurück.[72] Das ist aber sachlich etwas deutlich anderes, als der Begriff Stadtgründerin ohne Anführungszeichen vermuten lässt. Agrippina hat der schon bestehenden Selbstverwaltungseinheit der Ubier, einer Stadt im römischen

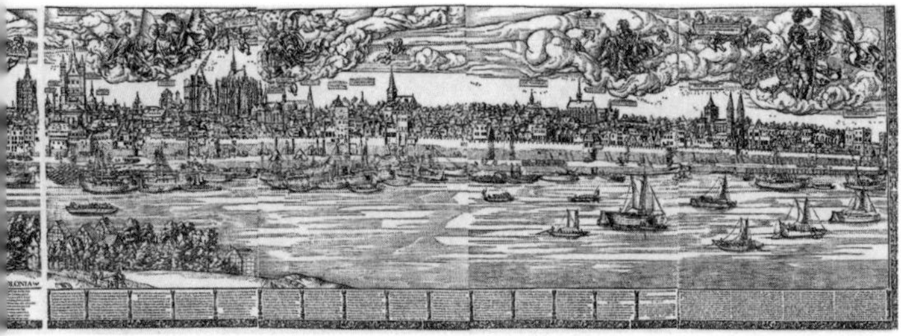

Abb. 19
Ansicht Kölns, wie sie von Anton Woensam 1531 für Kaiser Karl V. im Auftrag der Stadt gezeichnet wurde. Über der Stadt die Schutzheiligen, darunter auch Marcus Agrippa als Gründer der politischen Gemeinde.

Sinn, zum höchsten rechtlichen und politischen Rang verholfen, den eine Gemeinde im römischen Reich erhalten konnte: Sie war Colonia geworden, ein Abbild Roms. Und über das Element Colonia im Stadtnamen hat die heutige Stadt ihren Namen erhalten: Köln. Stadt im allgemeinen Rechtssinn aber ist Köln im Jahre 50 n. Chr. nicht geworden. Das war es längst vorher. Als man im Jahr 1950 die Gründung der Stadt vor 1900 Jahren feierte, hinkte man deutlich hinterher. Als politische Gemeinde war Köln damals bereits 1969 Jahre alt; denn mit der Übersiedlung der Ubier auf das linke Rheinufer beginnt diese politische Gemeinde, die seitdem kontinuierlich besteht. Im Jahr 1981 hätte man tatsächlich die zweitausendste Wiederkehr der Begründung der politischen Gemeinde Köln feiern können. Aber darauf ist niemand gekommen, zumal man damals noch annahm, die Ubier seien schon im Jahr 38 v. Chr. ins Linksrheinische verpflanzt worden, als Agrippa zum ersten Mal als Statthalter in Gallien amtiert hatte. Dass er erst wäh-

MARCVS AGRIPPA
IN DEI OPT. MAX.
FLORA HERMANNI BVS

rend seines zweiten Aufenthalts in Gallien, zwischen 20 und 18 v. Chr., diese Übersiedlung veranlasste, wissen wir heute besser dank der genauen Analyse ubischer Münzen, von deren Existenz man im Jahr 1950 noch nichts wusste.[73] Aber das Jahr 2081 kommt ja bald!

Es hätte freilich vor nicht allzu vielen Jahren noch einen weiteren Termin zum Feiern gegeben, im Jahr 1993; auch da hätte man eine 2000-Jahr-Feier begehen können, nämlich den Beginn des Zentrums als urbaner Siedlung. Auch dieses Jahr hat man ungenutzt verstreichen lassen. Und das gilt selbst für das Jahr 2005; denn 2000 Jahre zurückgerechnet träfe man auf die früheste sicher datierte Urkunde dieser Stadt, die auch nicht durch den Einsturz des Historischen Archivs in Mitleidenschaft gezogen wurde: das Ubiermonument. Dessen Bau begann im Winter 4/5 n. Chr.[74] Es ist das früheste noch an Ort und Stelle stehende Bauwerk des frühen Köln, das im Bewusstsein der Kölner allerdings nur eine geringe Rolle spielt. Das liegt wohl nicht zuletzt daran, dass es in einem Keller ‚versteckt' und nicht direkt zugänglich ist, sondern nur nach Voranmeldung besucht werden kann. Und doch ist dieser Rest eines mächtigen Turms, erbaut aus massiven Quadern, der sichtbare Beweis für den Gründer des urbanen Mittelpunkts, auf den die heutige Stadt Köln zurückgeht: Augustus.

Abb. 19
Darstellung des Marcus Agrippa als Schutzheiliger aus der Ansicht Kölns, wie sie von Anton Woensam 1531 für Kaiser Karl V. im Auftrag der Stadt gezeichnet wurde.

Ins historische Gedächtnis der Kölner ist bisher nur das Jahr der Koloniegründung 50 n. Chr. eingegangen. Es mag den Kölnern ja vielleicht genügen zu wissen, dass man tatsächlich doch noch ein wenig älter ist. Doch dem Rang der Stadt entspricht es nicht, dies nicht auch deutlich zu machen. Man sollte nicht nur stolz darauf sein, dass man den eigenen Namen einer Frau, Agrippina, verdankt. Man muss sich auch daran erinnern, dass sowohl die politische Gemeinde als auch die urbane Siedlung auf den Begründer des römischen Kaisertums, auf Augustus zurückgeht. Er hat die römische Welt durch seine Städtepolitik gestaltet und Köln war Teil dieser globalen Politik.

Die Hinweise auf Quellen und Literatur beschränken sich auf das, was dem Autor als wichtig und weiterführend erscheint. Eine umfassende Dokumentation zu allen angesprochenen Aspekten der Reichsgeschichte und der Geschichte um das oppidum Ubiorum würde zu weit führen. Folgende Werke werden in abgekürzter Form zitiert:

Eck, Köln in römischer Zeit = W. Eck, Köln in römischer Zeit. Geschichte einer Stadt im Rahmen des Imperium Romanum, Köln 2004.

Kienast, Augustus = D. Kienast, Augustus. Princeps und Monarch, Darmstadt 2009.

Vittinghoff, Bürgerrechtspolitik = Fr. Vittinghoff, Römische Bürgerrechtspolitik unter Caesar und Augustus, Mainz 1951.

Johannes Heinrichs danke ich für vielfältige Hinweise zu Text und Anmerkungen.

Anmerkungen

1 Siehe Fasti Capitolini zum Jahr 19 v. Chr.: Inscriptiones Italiae XIII 1, 86 f.

2 Velleius Paterculus 2, 97, 4; Cassius Dio 55, 8, 1 f.; Kienast, Augustus 129; zuletzt zur Eroberung und zur Provinz Germania: Eck, Köln in römischer Zeit, Kap. 2; ders., Germanien – eine Provinz unter Augustus, in: Die römischen Provinzen. Begriff und Gründung, hg. I. Piso, Cluj-Napoca 2008, 165 ff.; ders., Das augusteische Germanien links und rechts des Rheins – eine römische Provinz, in: 2000 Jahre Varusschlacht. Imperium, hg. LWL-Römermuseum in Haltern am See, Stuttgart 2009, 188 ff.

3 Suetonius, vita Augusti 21, 1; vita Tiberii 9, 2; Cassius Dio 55, 6, 1 ff. Dazu J. Heinrichs, Römische Perfidie und Germanischer Edelmut? Zur Umsiedlung protocugernischer Gruppen in den Raum Xanten 8 v. Chr., in: Germania Inferior. Besiedlung, Gesellschaft und Wirtschaft an der Grenze der römisch-germanischen Welt, hg. T. Grünewald - H.-J. Schalles, Berlin – New York 2001, 54 ff.

4 Tacitus, Annalen 2, 88, 2: *liberator haud dubie Germaniae* = zweifellos der Befreier Germaniens.

5 Velleius Paterculus 118, 2.

6 Res Gestae divi Augusti 26: *omnium prov[inciarum populi Romani], quibus finitimae fuerunt gentes, quae non p[arerent imperio nos]tro, fines auxi.*

7 Kienast. Augustus 332 ff.

8 Nicht alle sind bereits unter Augustus zu Provinzen gemacht worden, was aber unter dem Aspekt der Ausdehnung des Reichs ohne Relevanz ist.

9 W. Eck, Provinz – Ihre Definition unter politisch-administrativem Aspekt, in: Was ist eigentlich Provinz? Zur Beschreibung eines Bewußtseins, Schriften des Archäologischen Instituts der Universität zu Köln, Köln 1995, 15 ff.

10 G. Precht, Baugeschichtliche Untersuchung zum römischen Praetorium in Köln, Köln/Bonn 1973; F. Schäfer, Das praetorium in Köln und weitere Statthalterpaläste im Imperium Romanum. Eine baugeschichtliche

Untersuchung und eine vergleichende Studie zu Typus und Funktion, Dissertation Universität zu Köln 2004 (= http://kups.ub.uni-koeln.de/2941/).

11 Die Ausdehnung dieser Provinz kennen wir nur deshalb so genau, weil es sich um das Territorium der Insel handelt. Bei allen anderen Provinzen muss man sich mit ungefähren Schätzwerten zufrieden geben, da die Grenzen nur selten präzise bekannt sind.

12 R. Haensch, Capita provinciarum. Statthaltersitze und Provinzialverwaltung in der römischen Kaiserzeit, Mainz 1997, 710 ff.

13 Zu den Funktionen der Städte in Italien siehe z. B. H. Galsterer, Herrschaft und Verwaltung im republikanischen Italien, München 1976; E. Gabba, Italia romana, Como 1994.

14 Dazu etwa Fr. Vittinghoff, Zur Entwicklung der städtischen Selbstverwaltung – Einige kritische Anmerkungen, in: Fr. Vittinghoff, Civitas romana, hg. W. Eck, Stuttgart 1994, 218 ff.; F. Kolb, Die Geschichte der Stadt in der Antike, München[2] 2002; siehe auch die Beiträge in: Lokale Autonomie und römische Ordnungsmacht in den kaiserzeitlichen Provinzen, hg. W. Eck, München 1999. Vgl. auch R. Laurence - S. E. Cleary - G. Sears, The City in the Roman West, c. 250 BC–c. AD 250, Cambridge 2011.

15 E. Badian, Publicans and Sinners, Oxford – Ithaca 1972, ND Ithaca 1983; deutsch als: Zöllner und Sünder. Unternehmer im Dienst der römischen Republik, Darmstadt 1997; M. R. Cimma, Ricerche sulle società di publicani, Mailand 1981; U. Malmendier, Societas publicanorum. Staatliche Wirtschaftsaktivitäten in den Händen privater Unternehmer, Köln 2002.

16 Siehe als Beispiel für die Situation auf der iberischen Halbinsel insgesamt für die Zeit der Republik die Diskussion bei H. Galsterer, Untersuchungen zum römischen Städtewesen auf der Iberischen Halbinsel, Berlin 1971, 7 ff.

17 Appian, Iberike 38; Bellum Alexandrinum 52, 4.

18 Livius 43, 3, 1 ff.

19 Siehe K. Bringmann, Neuer Pauly 11, 388 ff.

20 Vittinghoff, Bürgerrechtspolitik 49 ff.

21 Corpus Inscriptionum Latinarum X 6087; dazu Vittinghoff, Bürgerrechtspolitik 67 ff.

22 Vittinghoff, Bürgerrechtspolitik 86.

23 Vittinghoff, Bürgerrechtspolitik 59. 74; zum Stadtgesetz siehe zuletzt A. Caballos Rufino, El Nuevo Bronce de Osuna y la Política Colonizadora de Roma, Sevilla 2006.

24 Sein offizieller Name lautet von da an Imperator Caesar Augustus. Keines dieser drei Elemente hat damals schon einen titularen Sinn angenommen, wie das später geschah.

25 Vgl. J. Bleicken, Augustus. Eine Biographie, Berlin 1998, 173 ff.; Kienast, Augustus 37 ff.; W. Dahlheim, Augustus. Aufrührer, Herrscher, Heiland. Eine Biographie, München 2010, 71 ff. 147 ff.

26 Vergil, Bucolica 1.

27 A. Piganiol, Les documents cadastraux de la colonie romaine d'Orange, 1962.

28 Res Gestae divi Augusti 16: *pecuniam [pr]o agris quos in consulatu meo quarto et postea consulibus M(arco) Cr[a]sso et Cn(aeo) Lentulo Augure adsignavi militibus solvi municipi(i)s ea [s]u[mma s]estertium circiter sexsiens milliens fuit quam [p]ro Italicis praedi(i)s numeravi et ci[r]citer bis milliens et sescentiens quod pro agris provincialibus solvi. id primus et solus omnium qui deduxerunt colonias militum in Italia aut in provinci(i)s ad memoriam aetatis meae feci* = „Für das Land, das ich in meinem eigenen vierten Konsulat und in dem des Marcus Crassus und Cn. Lentulus Augur Soldaten angewiesen habe, habe ich den Gemeinden Geld bezahlt. Die Summe, die ich für Güter in Italien zahlte, belief sich auf ungefähr 600 Millionen Sesterzen, und ungefähr auf 260 Millionen für das Land in den Provinzen. Das habe ich als erster und einziger von allen getan, die Soldatenkolonien in Italien oder den Provinzen bis zu meiner eigenen Lebenszeit gegründet haben."

29 Dazu immer noch Vittinghoff, Bürgerrechtspolitik 96 ff.; Galsterer, Untersuchungen (Anm. 16) 17 ff.; ferner Kienast, Augustus 474 ff. Vgl. auch H. Wolff, Kriterien für latinische und römische Städte in Gallien und Germanien und die ‚Verfassung' der gallischen Stammesgemeinden, in Bonner Jahrbücher 176, 1976, 45 ff.

30 Hispania Antiqua – Denkmäler der Römerzeit, hg. W. Trillmich und Annette Nünnerich-Asmus Mainz 1993; S. Panzram, Stadtbild und Elite: Tarraco, Corduba und Augusta Emerita zwischen Republik und Spätantike Stuttgart 2002, 227 ff.; Las capitales provinciales de Hispania. 2: Mérida. Colonia Augusta Emerita, hg. X. Dupré Raventós, Rom 2004.

31 Galsterer, Untersuchungen (Anm.16) 27.

32 M. Christol, Les colonies de Narbonnaise et l'histoire sociale de la province, in: Prosopographie und Sozialgeschichte. Studien zur Methodik und Erkenntnismöglichkeit der kaiserzeitlichen Prosopographie, hg. W. Eck, Köln 1993, 277 ff. = in: ders., Une histoire provinciale. La Gaule narbonnaise de la fin du Ier siècle av. J.-C. au IIIe siècle ap. J.-C., hg. M. L. Bonsangue, Chr. Hoet-van Cauwenberghe, Paris 2010, 231 ff.

33 A. D. Rizakis, Achaïe II. La cité de Patras: Épigraphie et histoire, Athen 1998, 42 ff.

34 Roman Provincial Coinage, Bd. I 307 f. Nr. 1646 – 1650.

35 Vittinghoff, Bürgerrechtspolitik 131.

36 Vittinghoff, Bürgerrechtspolitik 131 f.; B. Levick, Roman colonies in Southern Asia Minor, Oxford 1967; Kienast, Augustus 490; St. Mitchell - M. Waelkens, Pisidian Antioch. The site and its monuments, London 1998.

37 Cf. F. Millar, The Roman Coloniae of the Near East, in: ders., Rome: The Greek World, and the East, Bd. III: The Greek World, the Jews, and the East, hg. H. M. Cotton, - G. M. Rogers, Chapel Hill, 2006, 164 ff.; ders., Latin in the Epigraphy of the Roman Near East, in: Acta colloquii epigraphici Latini Helsingiae 3.–6. Sept. 1991 habiti, ed. H. Solin - O. Salomies - U.-M. Liertz, Helsinki 1995, 403 ff. = ders., Rome: The Greek World ... 223 ff.; W. Eck, Presence, role and significance of Latin in the epigraphy and culture of the Roman Near East, in: From Hellenism to Islam: Cultural and Linguistic Change in the Roman Near East, hg. H. M. Cotton - R. G. Hoyland - J. J. Price - D. J. Wasserstein, Cambridge 2009, 15 ff., bes. 32 ff.; B. Isaac, Latin in cities of the Roman Near East, ibid. 43 ff., bes. 49 ff.

38 Vittinghoff, Bürgerrechtspolitik 110 ff.; P. A. Brunt, Roman Manpower, 225 B.C.–A.D. 14, Oxford 1987, 581 ff.; Kienast, Augustus 486 ff.

39 Sueton, vita Augusti 28: *Urbem neque pro maiestate imperii ornatam et inundationibus incendiisque obnoxiam excoluit adeo, ut iure sit gloriatus marmoream se relinquere, quam latericiam accepisset* = „Die Stadt, deren Aussehen weder dem Prestige des Reiches entsprechend glänzend und zudem durch Überschwemmungen und Brandkatastrophen verschandelt war, gestaltete er so um, dass er sich zu Recht rühmen konnte, er habe sie als Marmorstadt (der Nachwelt) hinterlassen, die er als eine Stadt aus Ziegeln angetroffen habe."

40 Siehe als pars pro toto: Stadtbild und Ideologie. Die Monumentalisierung hispanischer Städte zwischen Republik und Kaiserzeit, hg. P. Zanker - W. Trillmich, München 1991.

41 Siehe dazu Vittinghoff, Bürgerrechtspolitik passim; P. A. Brunt, Roman Manpower, 225 B.C.–A.D. 14, Oxford 1987, 602 ff.; Kienast, Augustus 474 ff.

42 Strabon 4, 6, 11.

43 Das darf man aus dem Bericht über die Belagerung des Segestes durch Arminius im Jahr 15 n. Chr. erschließen, siehe Tacitus, Annales 1, 55 ff.

44 J. Heinrichs, Ubier, Chatten, Bataver. Entwicklungen an Mittel- und Niederrhein ca. 70 – 1 v. Chr. anhand germanischer Münzen (Anhang 2: Umsiedlung ubischer Gruppen 19 v. Chr. und Aufsiedlung des Kölner Raums), in: Kontinuität und Diskontinuität. Die Germania Inferior am Beginn und am Ende der römischen Herrschaft, hg. Th. Grünewald - S. Seibel, Berlin 2003, 266 ff.; ders., Ubische Quinare im Lippegebiet: ein Modell, in: Die Kelten und Rom. Neue numismatische Forschungen, hg. J. Metzler - D. Wigg-Wolf, Mainz 2005, 183 ff., bes. 214 ff. (Anhang 1: Zur Typologie und Chronologie der ubischen Quinare Scheers 57), vgl. generell ders., Ubier, Reallexikon der Germanischen Altertumskunde[2] 31, 2006, 356 ff.; Eck, Köln in römischer Zeit 46 ff.

45 Zusammenfassende Darstellungen zu mehreren Komplexen in: Die Fundmünzen der römischen Zeit in Deutschland VI 2/1 (Reg. Bez. Aachen: Landkreise Düren, Erkelenz, Jülich), bearb. v. H. Komnick, J. Heinrichs, B. Päffgen, Mainz 2008, 185 ff.

46 E. Spiegel, E. M. Spiegel: Ein vicus mit Heiligtum an der Limesstraße Köln-Neuss. Zur römischen Topographie von Worringen, Stadt Köln, Kölner Jahrbuch 44, 2011, 101 ff.

47 J. Heinrichs, Zur Topographie des ubischen Neuss anhand einheimischer Münznominale, BJ 199, 1999, 69 ff. Seine Schlussfolgerungen scheinen mir logisch zwingend zu sein, obwohl die Münzen nicht aus einer gesicherten Stratigraphie stammen. Gerade deswegen aber muss versucht werden, mit historischer Logik die dortigen Befunde zu erklären.

48 Späte Kleinerze und Quinare des Typs Scheers 57 var.

49 J. Heinrichs, The Ubii and their coins. A case study in acculturation by keeping identity, in: Tiempos de tránsito: del imperium de César a la auctoritas de Augusto. Homenaje a Michael Grant, hg. M. Paz García-

Bellido, Zaragoza 2008, 151 ff. – Beizeichen auf einem weiteren, ursprünglich ubischen Münztyp, sog. Regenbogenschüsselchen der Nordgruppe in AE, sind in der großen Mehrzahl eher batavisch: N. Roymans, The Lower Rhine Triquetrum Coinages and the Ethnogenesis of the Batavi, in: Germania Inferior (Anm. 3) 93 ff.; ders., Ethnic Identity and Imperial Power. The Batavians in the Early Roman Empire, Amsterdam 2004, 67 ff.

50 Zum Folgenden siehe vor allem Eck, Köln in römischer Zeit Kap. 3 und 4. Ferner G. Weiler, Römisches Militär und die Gründung niedergermanischer Städte, in: The Impact of the Roman Army (220 BC–AD 476), hg. L. de Blois - E. Lo Cascio, Leiden 2007, 371 ff.

51 J. Deininger, Die Provinziallandtage der römischen Kaiserzeit von Augustus bis zum Ende des dritten Jahrhunderts n. Chr., München 1965, 21 f. u. 99 f.

52 Ein *sacerdotalis*, also ein ehemaliger Priester an dieser Kultstätte, ist noch im Jahr 352 bezeugt, Corpus Inscriptionum Latinarum Vol. XIII Nr. 7918 = H. Dessau, Inscriptiones Latinae selectae, Bd. III Nr. 7069.

53 Die anderen Kultbezirke für derartige Provinzialkulte wurden alle im Kontext schon bestehender Städte angelegt, so etwa in Pergamon in Asia, in Nicomedia in Bithynien, bei Lugdunum für Gallien, später für die Hispania citerior in Tarraco.

54 Dort war freilich der Kultbezirk bei Condate nicht unmittelbar innerhalb der Kolonie Lugdunum entstanden – verständlicherweise, weil die Kolonie bereits bestand, als der Kultbezirk erbaut wurde.

55 Oppidum Ubiorum ist nicht der Name der Siedlung; dieser ist uns nicht bekannt. Oppidum Ubiorum heißt schlicht, dass diese Siedlung der Zentralort der Ubier war. Zu den frühesten nachweisbaren Spuren des von den Römern geplanten und angelegten oppidum siehe J. Heinrichs, Vor dem *oppidum Ubiorum*. Münzen einer Zivilsiedlung im Kölner Domareal in ihren Aufschlüssen für das augusteische Köln, die Datierung von Kalkriese und das Problem fehlender nachvarususzeitlicher Befunde östlich des Rheins, in:, Römische Präsenz und Herrschaft im Germanien der augusteischen Zeit, Tagung Osnabrück 2004, hg. G. A. Lehmann - R. Wiegels, Göttingen 2007, 225 ff.; ders., Münzen aus einer augusteischen Planierschicht bei Groß St. Martin in Köln, Kölner Jahrbuch 41, 2008, 265 ff.; ders., Ubier im oppidum Ubiorum. Methodische Überlegungen

zu einem Desiderat – und zu Funden von der Kölner Rheininsel, in: Archäologie in Ost und West (= FS für H. Hellenkemper), hg. F. Naumann-Steckner - B. Päffgen - R. Thomas, Kölner Jahrbuch 43, 2010, 315 ff.; G. Weiler, Funde aus einer schwarzen Schicht bei Groß St. Martin, in: Siedlungsanfänge im NW des römischen Reiches, hg. v. H. Hellenkemper (im Druck).

56 Der Begriff ist irreführend, da dieses Bauwerk von Römern geplant und ausgeführt wurde. O. Doppelfeld, auf den er zurückgeht, wusste dies natürlich, doch hat er ihn damals bewusst gewählt, um den Erhalt des Monuments zu sichern. Inzwischen hat sich der Begriff allerdings in gewissem Maße verselbständigt und kann seinerseits als Argument verwendet werden.

57 H. von Hesberg, Bauteile der frühen Kaiserzeit in Köln – Das Oppidum Ubiorum zur Zeit des Augustus, in: Grabung – Forschung – Präsentation. Festschrift Gundolf Precht, hg. A. Rieche - H.-J. Schalles - M. Zelle, Mainz 2002, 13 ff.

58 A. Becker - H.-J. Köhler - G. Rasbach, Der römische Stützpunkt von Waldgirmes. Die Ausgrabungen bis 1998 in der spätaugusteischen Anlage in Lahnau-Waldgirmes, Lahn-Dill-Kreis, Frankfurt 1999; S. von Schnurbein, Augustus in Germania and his new ‚town' at Waldgirmes east of the Rhine, in: Journal of Roman Archaeology 16, 2003, 93 ff.; A. Becker, Lahnau-Waldgirmes. Eine augusteische Stadtgründung in Hessen, in: Historia 52, 2003, 337 ff.; ders., Die Ausgrabung einer römischen Stadt. Waldgirmes im Lahn-Dill-Kreis, in: Hessen in der Antike. Die Chatten vom Zeitalter der Römer zur Alltagskultur der Gegenwart, hg. H. Schneider - D. Rohde, Kassel 2006, 88; A. Becker - G. Rasbach, „Städte in Germanien". Der Fundplatz Waldgirmes, in: Die Varusschlacht. Wendepunkt der Geschichte?, hg. R. Wiegels, Stuttgart 2007,102 ff.; G. Rasbach - A. Becker, Die spätaugusteische Stadtgründung in Lahnau-Waldgirmes. Archäologische, architektonische und naturwissenschaftliche Untersuchungen, in: Germania 81, 2003, 147 ff.

59 W. Eck, Augusto – la Germania – Varo – Tiberio. Il fallimento di una storia romana di successi, Rivista storica Italiana 123, 2011, 5 ff.; J. Heinrichs, Reallexikon der Germanischen Alterumskunde[2] 31, 2006, 356 ff. s.v. Ubii.

60 A. Vanderhoeven, The earliest urbanisation in Northern Gaul. Some implications of recent resaerch in Tongres, in: From the Sword to the Plough, Amsterdam 1996, 189 ff.; zuletzt ders., Die römische Stadt Tonge-ren, in: Römisches Aachen. Archäologisch-historische Aspekte zu Aachen und der Euregio, hg. R. v. Haehling - A. Schaub, Regensburg 2012, 387 ff.; Weiler, Römisches Militär und die Gründung niedergermanischer Städte (Anm. 50) 379 f.; G. Raepsaet, L'ethnogenèse de la civitas Tungrorum et la formation de la Province de Germanie, L'Antiquité Classique 82, 2013, 111-148.

61 F. Kemmers, A military presence on the Lower Rhine before Drusus' campaigns. The coin finds of the Augustan legionary fortress at Nijmegen, in: Römische Präsenz und Herrschaft im Germanien der augusteischen Zeit. Der Fundplatz von Kalkriese im Kontext neuerer Forschungen und Ausgrabungsbefunde, hg. G. A. Lehmann - R. Wiegels, Göttingen 2007, 183 ff.; Weiler, Römisches Militär und die Gründung niedergermanischer Städte (Anm. 50) 373 mit Anm. 7.

62 J. Morscheiser-Niebergall, Die Anfänge Triers im Kontext augusteischer Urbanisierungspolitik nördlich der Alpen, Marburg 2009.

63 Cassius Dio 56, 18, 2.

64 H. Zwicky, Zur Verwendung des Militärs in der Verwaltung der römischen Kaiserzeit, Winterthur 1944, 11 ff.

65 Diplome für eine cohors Ubiorum in Moesia: Corpus Inscriptionum Latinarum XVI 44; Année épigraphique 2003, 1548; 2004, 1256; 2005, 1332. 1704. 1706; 2009, 1800; in einer der dakischen Provinzen: Corpus Inscriptionum Latinarum XVI 90. 107; Année épigraphique 1987, 843; 2001, 2152; 2002, 1223; 2009, 1035.

66 B. Pferdehirt, Römische Militärdiplome und Entlassungsurkunden in der Sammlung des Römisch-Germanischen Zentralmuseums, Mainz 2004, Nr. 8: *Primo Marci f(ilio) Ubio* = für Primus, den Sohn des Marcus, einen Ubier.

67 Sie erhielten das sogenannte *ius Italicum* (bezeugt in den Digesten 50, 15, 8, 2, einer spätantiken Sammlung aus den Schriften römischer Juristen), waren damit Bürgergemeinden in Italien gleichgestellt.

68 Ein anderer Sklave von Augustus, der ebenfalls mit der Abwicklung und Kontrolle von Einnahmen, konkret aus der Verpachtung von Bleibergwerken im Sauerland, befasst war, ist uns durch Inschriften auf Bleibarren

bekannt geworden. Sein Name lautet Eros; er ist auf den Bleibarren, deren Gewicht und Anzahl er kontrollieren musste, eingepunzt. Siehe dazu P. Rothenhöfer, Geschäfte in Germanien. Zur Ausbeutung von Erzlagerstätten unter Augustus in Germanien, in: Zeitschrift für Papyrologie und Epigraphik 143, 2003, 277 ff.; N. Hanel, P. Rothenhöfer, Germanisches Blei für Rom. Zur Rolle des römischen Bergbaus im rechtsrheinischen Germanien im frühen Prinzipat, in: Germania 83, 2005, 53 ff.; vgl. auch ders., Römischer Bleibergbau in der Nordeifel, in: Ein Bleibarren mit Stempel des Tiberius aus Tongern (Belgien). Atuatuca 4, Tongeren 2013, 58 ff.; E. Riccardi, St. Genovesi, Un carico di piombo da Rena Maiore (Aglientu), in: Africa Romana 14, 2, 2002, 1311 ff.; W. Eck, Augustus und die Großprovinz Germanien, KJb 37, 2004 [2006], 11 ff.

69 W. Eck - H. v. Hesberg. Der Rundbau eines Dispensator Augusti und andere Grabmäler der frühen Kaiserzeit in Köln – Monumente und Inschriften, Kölner Jahrbuch 36, 2003 [2005], 151 ff.

70 Siehe W. Eck, La romanisation de la Germanie, Paris 2007, 9 ff.: Kap. I: Auguste et l'oppidum des Ubiens.

71 W. Eck, Agrippina – die ‚Stadtgründerin' Kölns. Eine Frau in der frühkaiserzeitlichen Politik, Köln ^{2}1993.

72 Eck, Agrippina (Anm. 71) 77.

73 Siehe oben Heinrichs, Vor dem *oppidum Ubiorum* (Anm 55).

74 E. Hollstein, Mitteleuropäische Eichenchronologie, Mainz 1980, s. v. Köln; dazu H. H. und B. Leuschner, Exkurs 3, in: W. Geis - U. Krings, Köln: Das gotische Rathaus und seine historische Umgebung. Stadtspuren. Denkmäler in Köln 26, 2000, 181 ff.

Sigurd Greven-Vorlesungen

1997 Dr. Reinhold Baumstark (München):
Köln in Bayern. Die Ursula-Kapelle der Münchener Jesuitenkirche

1998 Professor Dr. Heribert Müller (Frankfurt am Main):
Frankreich, Burgund, Köln und die Rheinlande am Ausgang des Mittelalters

1999 Professor. Dr. Ernst Schubert (Halle):
Individualität und Individualisierung in der Mitte des 13. Jahrhunderts: die Naumburger Stifterstandbilder

2000 Professor Dr. Otto Gerhard Oexle (Göttingen):
Kulturelles Gedächtnis in der Renaissance.
Die Fugger-Kapelle bei St. Anna in Augsburg

2001 Professor Dr. Dr. Günther Binding (Köln):
St. Pantaleon und St. Maria im Kapitol in Köln.
Möglichkeiten und Grenzen baugeschichtlicher Datierung – ein Bekenntnis

2002 Professor Dr. Arnold Esch (I-Rom):
Köln und Italien im späten Mittelalter

2003 Professor Dr. Paul von Naredi-Rainer (A-Innsbruck):
Zwischen Stadt und Kult. Die Sprache moderner Museumsarchitektur

2004 Professor Dr. Egon Boshof (Passau):
Die Kölner Erzbischöfe und das Reich im 13. Jahrhundert

2005 Dr. Peter Jezler (CH-Bern):
Reliquiendiebstahl und Kathedralbau im späten Mittelalter

2006 Professor Dr. Toni Diederich (Bonn):
Zur Bedeutung des Siegelwesens in Köln und im Rheinland

2007 Professor Dr. Udo Mainzer (Bonn):
Zur Genese der Renaissance-Architektur im Rheinland

2008 Professorin Dr. Annette Kreutziger-Herr (Köln):
Im Schatzhaus der Erinnerung: Die Musik des Mittelalters in der Neuzeit

2009 Professor Dr. Werner Paravicini (Kronshagen):
Ritterliches Rheinland

2010 Dr. Regula Schorta (CH-Riggisberg):
Die Stoffe in den Hildesheimer Schreinen.
Zu Textilien im Reliquienkult und zu Luxusgeweben im hochmittelalterlichen Europa

2011 Professorin Dr. Gudrun Gersmann (F-Paris):
Im Banne Napoleons. Rheinischer Adel unter französischer Herrschaft

2012 Professorin Dr. Hiltrud Westermann-Angerhausen (Köln):
Erlösung riechen – Weihrauch in Kunst und Kult

2013 Professor Dr. Dr. h. c. mult. Werner Eck (Köln):
Die Gestaltung der Welt. Augustus und die Anfänge des römischen Köln